I0683946

27

n. 10949.

conserver la Couverture

ÉLOGE FUNÈBRE

DU

GÉNÉRAL DE LAFAYETTE.

DÉDIÉ

A M. Georges de LAFAYETTE,

A L'ARMÉE FRANÇAISE,

à MM. les Élèves de l'École Polytechnique,

A L'ÉCOLE DE SAINT-CYR,

A L'ÉCOLE DE MÉDECINE.

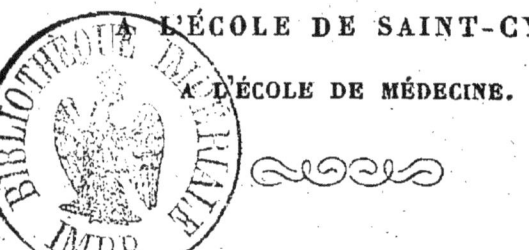

BIBLIOTHÈQUE IMPÉRIALE IMPR.

Par M. Philippe BARTHOU.

METZ,

IMPRIMERIE ET LITHOGRAPHIE DE VERRONNAIS,

RUE DES JARDINS, 14.

L²⁷ₙ Ln 10949

1849.

ÉLOGE FUNÈBRE

DU

GÉNÉRAL DE LAFAYETTE.

DÉDIÉ

à M. Georges de LAFAYETTE,

A L'ARMÉE FRANÇAISE,

à MM. les élèves de l'École Polytechnique,

A L'ÉCOLE DE SAINT-CYR,

A L'ÉCOLE DE MÉDECINE.

> Il ne reviendra plus vers nous,
> Mais nous irons vers lui.

Nous allons entourer un tombeau où reposent les restes inanimés de l'illustre général de Lafayette.

Ombre chère et chérie, sors du tombeau; sors de ton tombeau, te dis-je, viens contempler pour quelques instants notre glorieuse et brillante jeunesse française. Ils ont été répandre des larmes de la plus vive

BIBLIOTHÈQUE NATIONALE R.F. IMPRIMÉS

1840

douleur sur ton tombeau chéri et vénéré!.... Ah! s'il t'eût été donné de leur tendre une de tes poignées de main, elles n'auraient point été comme toutes ces poignées de main hypocrites et mensongères dont nous avons eu la triste et douloureuse expérience ; mais elles auraient été accompagnées de ce sentiment d'affection et d'amitié dont tu étais si bien pénétré à leur égard, toi! digne et généreux ami de l'humanité, qui as si bien su, par ton esprit pénétrant, comprendre tous les trésors de grâces, de vertus et de lumières, dont tous ces jeunes cœurs ont le bonheur d'être enrichis. Mais la mort, cette funeste et cruelle mort, ne t'a point permis, avant de descendre dans les abîmes ténébreuses et profondes du tombeau, de voir accomplir le succès de tes efforts ; du moins tu en as vu le prélude, et tu as vu cette ère de bonheur qui plane sur notre beau pays ; cela seul t'a rassuré pour le bonheur de la France, et cela seul fait notre unique joie, notre seule consolation.

Ah! si tu avais vu et s'il t'avait été donné de voir ce magnifique exemple de courage du peuple de Paris, et la sainteté et la puissance de sa modération! Ils ont élevé leurs yeux sur le Golgotha, et, à l'exemple de celui qui était la vertu et la sainteté même, ils se sont écriés avec le Christ, à l'égard de leurs tyrans et de nos bourreaux, et de nos plus cruels persécuteurs : « Seigneur, pardonne-leur, car ils ne savent ce qu'ils font. » L'homme qui est parvenu à pardonner ses ennemis, est parvenu au plus haut degré de perfection. Ils ont suivi l'exemple du Christ, et ils ont dit comme

Christ, et ils ont pardonné comme Christ. Liberté sainte que le Christ avait fait descendre sur la terre, car il voulait comme toi la liberté pleine et entière pour tous! et il voulait, comme toi, l'égalité dans les droits! Ah! si tu avais été là avec le peuple!... Mais les cendres des Saints et des Martyrs de la liberté sont sorties du fond des catacombes, et elles sont venues se communiquer au fond de tous les cœurs de tous ces nouveaux Martyrs de la liberté, en leur donnant une nouvelle vie et une nouvelle force invincible; car le Christ combattait avec tous ces hommes courageux, et forts et puissants, et l'Eternel avait béni du haut des cieux leurs armes dans leurs mains pour terrasser les ennemis du peuple de Dieu, et le Dieu puissant et fort a fait tomber par le peuple tous les murs et toutes les forteresses du nouveau roi Balthazar.

Réjouissez-vous donc, illustres de Lafayette, et toi aussi infortuné Lamarque, et Armand Carrel, et Dulong, le règne de Dieu va s'accomplir au milieu de nous; car Christ combattait avec tous ces hommes courageux, et héroïques, et fidèles; car ils ont choisi comme toi la bonne part, et cette bonne part ne leur sera pas ôtée.

Sortez donc du fond de vos catacombes, illustre général de Lafayette; sortez du fond de vos catacombes, et illustre général Lamarque, et illustre Armand Carrel, et infortunés et braves Dulong et Carrel! Venez contempler le triomphe de la liberté; car le général de Lafayette pourrait s'écrier ici, avec un sentiment de

logique et de vérité : Nous avons fait une belle Répu-
blique ; et c'étaient les hommes qu'il nous fallait que
toutes ces hautes intelligences qui sont aujourd'hui à la
tête du gouvernement provisoire. Oui, noble ami de
l'Humanité ! Les États-Unis d'Amérique où tu plantas,
pour la première fois, sous Wasington le drapeau de
la liberté, et le peuple Français, n'oublieront jamais
que tu t'immortalisas pour cette liberté sainte de mon
Dieu qui va s'accomplir ; car le Christ va régner, les
murs de la Sion sainte vont se relever ; car ce nouveau
pacte évangélique va faire le tour du monde, la science
de Dieu va être dans tous les cœurs, un germe de
vie commence déjà à porter de nouvelles fleurs et de
nouveaux fruits.

L'idéal et le type du Christ va être la communion
intime et la communion parfaite de l'homme avec
Dieu ; car ils se sont récriés avec le Christ :

Liberté, égalité et fraternité,
Union et paix et concorde,
Et oubli du passé.

Car, si nous sommes sages et chrétiens, la victoire
est à nous, car le peuple était avec le Christ, car la
parole du Christ est la vérité, car Dieu est la vérité.

Oui, tu étais aussi l'ami du peuple, illustre de
Lafayette ; aussi, les pleurs des tiens sont les nôtres
aussi. Ah ! si tu voyais comment l'armée française,
cette héroïque et courageuse armée française, avec
quels transports de joie et d'allégresse elle a salué le
triomphe de la Liberté et ce nouveau pacte fondamen-
tal qui va faire le tour du monde ; car elle aussi a

élevé son drapeau d'immortalité jusqu'aux voûtes célestes des tabernacles éternels du Dieu immortel des siècles ; aussi elle a été bénie de l'Eternel, parce qu'elle a vu ce nouveau prodige d'amour et de régénération, avant même que le Dieu de la victoire eût fait éclater sa force et sa puissance dans les armes de la Nation chérie que Dieu a bénie si puissamment du haut de son sanctuaire auguste et saint.

Venez donc, Jeunesse française, Jeunesse studieuse, et sérieuse et attentive, venez contempler par la pensée l'illustre général de Lafayette aux funérailles de l'immortel général Lamarque. Nous voulions que l'on allât au secours des Polonais ; nous voulions que l'on allât au secours des braves et héroïques Polonais, dignes sans doute d'un meilleur sort ; nous voulions que l'on secourût le Peuple Français. Mais ce qui ne s'est pas fait pourra se faire encore, car le ciel et la terre passeront, mais les paroles du Christ ne passeront point. Tes prévisions et les nôtres se sont accomplies à la lettre ; que Dieu en soit béni à jamais, car le Christ était avec le peuple.

Tu ne reviendras plus vers nous, ombre chérie et vénérée, mais nous irons vers toi, lorsqu'il plaira à ce grand Arbitre suprême des destinées des hommes et des nations, de nous appeler auprès de lui, afin de nous faire éprouver, comme à toi, les biens que Dieu destine à la patience et à la vertu, au courage et à l'immortalité.

Repose en paix, et toi, terre, sois-lui légère.

BIBLIOTHÈQUE NATIONALE R.F.

ALLOCUTION

A L'ARMÉE FRANÇAISE, ET AUX ILLUSTRES ÉCOLES POLYTECHNIQUE ET DE SAINT-CYR.

Nous verrons sortir des rangs de l'Armée française, et du milieu de vos célèbres écoles des Turennes, et des Condés, des Foy et des Lamarque, des héros et de ces capitaines qui ont illustré les armes françaises par leurs vertus, par leur savoir, et par leurs talents militaires. Oui, vous serez l'honneur et la gloire de l'Armée française ; vous travaillerez avec ces héroïques phalanges, à rendre à la France cette noble et antique splendeur qu'elle est si digne de posséder parmi les autres nations civilisées de l'Europe. On n'entendra point sortir du milieu de vous toutes ces provocations fausses et mensongères dont nous avons eu la triste et douloureuse expérience dans ces derniers temps. Oui, vous ferez aussi l'honneur et la consolation des dignes et respectables parents qui vous ont donné le jour ; heureuses les bonnes et dignes mères qui vous ont portés dans leurs seins précieux ; heureuses les bonnes mères qui vous ont sortis de leurs entrailles ; heureuses les bonnes et sublimes mères qui vous ont allaités ; et, heureux les pères qui ont le bonheur de posséder de nobles fils enrichis de talents et de vertus qui sont au-dessus de leur âge. Continuez donc à marcher avec courage et persévérance dans cette noble et honorable carrière que vous avez si dignement embrassée, vous pouvez espérer d'en recueillir des fruits de sagesse, des fruits de justice, de sainteté et de vie.

Et toi, grand Dieu! daigne toi-même soutenir toutes ces jeunes plantes que tu as si bien cultivées; qu'un triomphe nouveau ranime leurs desseins sublimes; soutiens en eux ce rayon d'espérance que tu y as mis, que la paix, la joie et le bonheur soient leur partage. Soutiens-les de ta main puissante; fais qu'ils marchent avec le chef de l'État et avec l'Armée française, de foi en foi, de progrès en progrès, de vertu en vertu, et de sainteté en sainteté devant l'Eternel, car Dieu est amour, parce qu'il est charité, il est amour et charité, car il est la vérité, la résurrection et la vie. Daigne les couvrir tous, de tes ailes protectrices, et qu'aucun d'eux ne périsse. Fais qu'ils se rendent semblables à toi! par ton amour et par ta sainteté.

Et qu'ils se récrient avec le roi David: « Je me suis appliqué à rechercher toutes les sciences, mais je n'y ai trouvé que des rongements d'esprit, mais j'ai trouvé la véritable science. » C'est-à-dire la science de Dieu, qui seule rend grands les hommes, car l'on n'est grand que par la science de Dieu, car Dieu seul est grand et les hommes ne sont grands que par Dieu.

METZ. — Imp. de VERRONNAIS.

www.ingramcontent.com/pod-product-compliance
Lightning Source LLC
Chambersburg PA
CBHW061439170626
46811CB00005B/2316